Este libro le pertenece a:

_____

Published 2019, by Torchflame Books
an Imprint of Light Messages Publishing
www.lightmessages.com
Durham, NC 27713 USA
SAN: 920-9298

ISBN: 978-1-61153-353-8
Library of Congress Control Number: 2019904788

BUGZERO.CODES
BRINGING KIDS TO TECH

TODO EL MUNDO PUEDE CODIFICAR

(INCLUYENDO LOS NIÑOS)

Timothy Amadi

Ilustraciones realizadas por los estudios Quillor: quillor.com

Doy toda la alabanza al Señor por
este don que me ha dado, y en este
día, le dedico este libro a Él.

Estoy agradecido.

1 Un chef puede usar

2 la codificación para

3 preparar una gran comida

4 a cualquier hora del dia.

```
si (ComidaLista(comida) === cierto) {alerta ('Lista')}
```

5   Un profesor puede usar la

6   codificación para enseñar

7   de una manera divertida.

```
si (estáEscritaCorrectamente(palabra) === cierto)
      {alerta ("¡Correcto!")}
```

8   Una enfermera utiliza

9   la codificación

10   para tratar a los enfermos.

```
si (elPacienteEnfermo(resultados) === cierto)
    {alerta ('¡El paciente está enfermo!')}
```

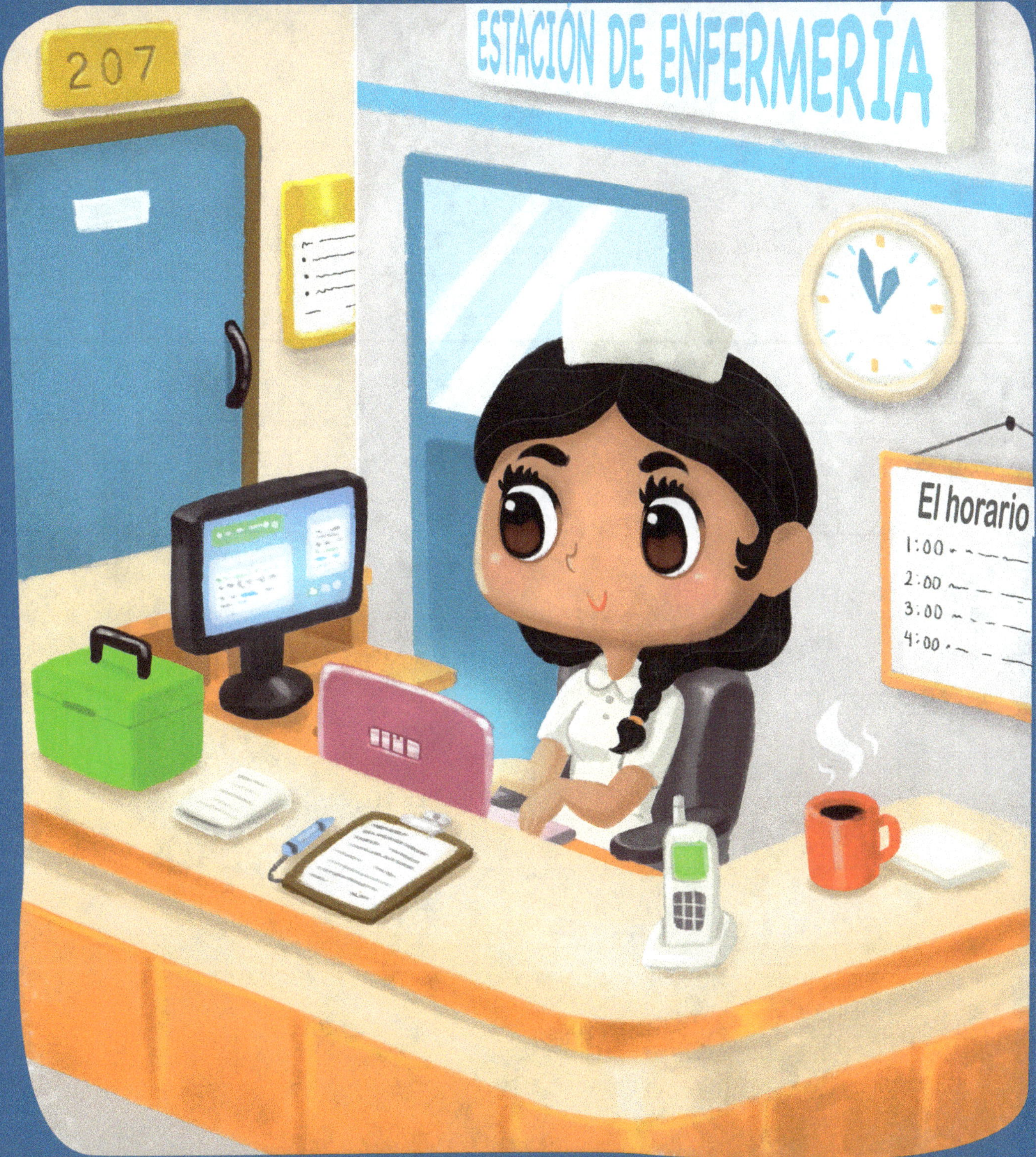
ESTACIÓN DE ENFERMERÍA
207
El horario
1:00
2:00
3:00
4:00

11 Un plomero

12 usa la codificación

13 para arreglar el fregadero

14 y destapar el inodoro.

```
si (elFregaderoEstáTapado(Estado) === cierto)
    {alerta ('¡Necesita repararse!')}
```

15   Un conductor de autobús

16   utiliza la codificación

17   para recordar el número de niños

18   que necesita recoger

19   para ir a la escuela.

```
si (contarEstudiantesEnElAutobus(totalDeEstudiantes) ===
    cierto) {alerta ('¡Todos los estudiantes han sido
    recogidos!')}
```

20	Un policía utiliza
21	la codificación para
22	encontrar nuevas formas
23	de detener el crimen.

```
si (siHayUnaRutaDeEscape(mapa) === cierto)
    {alerta ( 'Bloquear todas las rutas de escape' )}
```

24 Un bombero

25 usa la codificación

26 para ayudar a detener

27 un incendio.

```
si (hayUnIncendio(fuego) === cierto)
    {alerta ('¡Necesitan un bombero!')}
```

28	Un doctor usa la codificación
29	para encontrar maneras
30	de ayudar a sus pacientes
31	a mejorar.

```
si (elPacienteEstáSano(resultados) === cierto)
    {alerta ('¡El paciente goza de buena salud!")}
```

Una escritora puede

utilizar la codificación

como una nueva herramienta

para escribir un gran libro.

```
si (siGramáticaCorrecta(oración) === cierto)
     {alerta ('¡La gramática es correcta!')}}
```

36	Un zoólogo usa la codificación
37	para mostrarle a la gente
38	animales que tal vez
39	no vean en el zoológico.

```
si (estáAnimalEnZoológico(animal) === falsa)
    {alerta ('¡Aún no está en el zoológico! ¡Toma una
     foto y grábalo!')}
```

```
40    Un electricista puede aprender

41    a codificar durante la noche

42    para asegurarse de que

43    tienes suficiente luz.
```

```
si (estáCortadoCable(cable) === cierto)
    {alerta ('¡El cable está cortado!')}
```

```
si (hayCarie(diente) === cierto) {alerta ('Carie')}
```

```
si (hayPlagasEnLosCultivos(cultivos) === cierto)
   {alerta ('Los cultivos tienen plagas')}
```

54   ¡Correcto chicos! Les digo

55   "Ahora vamos a divertirnos un poco"

56   ¡Compartamos el regalo

57   de la codificación a todo el mundo!

58   Recuerda, la codificación no es

59   sólo para unos pocos

60   Todo el mundo puede codificar.

61   ¡Incluso los niños como tú!

```
si (puedoCodificar(mi edad) === cierto)
    {alerta ("¡Si que puedes! ¡No hay limite de edad en la
    codificación!")}
```

Sobre el Autor

La codificación es el lenguaje global del mundo digital actual, así que quiero animar a los niños a aprender a escribir códigos por sí mismos.

Los niños pueden aprender a identificar los retos y crear soluciones a los problemas en torno a sus hogares, escuelas y comunidades a través de la codificación.

Sigo siendo impulsado por una pasión por la codificación. A medida que aprendo más, soy más capaz de darles a otros niños y a través de ellos a las comunidades de todo el mundo.

Siempre es un placer ser invitado por escuelas para motivar a los niños y niñas a encontrar soluciones a las necesidades que les rodean a través de la codificación. Me gusta animar a cada uno a entender que ellos también pueden codificar.

Además de codificar, me encanta jugar ping pong, tocar el xilófono y el piano.

Agradecimientos

Daniel y Eugene, quiero darles las gracias por el apoyo a largo plazo.

Gracias, Sr. Obi. Has sido increible.

Sr. Cole, hemos recorrido un largo camino.

Sr. David, aún recuerdo nuestra primera reunión. Creiste en mí y que podia hacerlo.

Srta. Adkins, gracias por ser mi mejor amiga cuando lo necesitaba.

Sra. Joyner, ¡gracias por la conversación que ha tenido con mi madre! Gracias por presentarme a Philip.

Philip, todavía recuerdo esa reunión en la que me dijiste que si queria hacer una aplicación primero tendría que aprender a codificar. Gracias por la información. Emprendi un nuevo viaje.

Dede y Sra. Parchue, gracias por todo su apoyo.

Gracias, Sr. Small. Me ha enseñado tanto. Espero con ansias el tiempo que compartiremos.

Para todos mis profesores que son A+ en la escuela, los quiero a todos.

Gracias a la familia de mi iglesia. Todos ustedes han tenido un gran impacto en mi vida.

Tía Joyce y tía Uche, significan todo para mí.

Abuela, gracias por toda la ayuda que me has dado.

Mamá, TE QUIERO. Te sentaste conmigo en cada clase en mi escuela de codificación. Has hecho tantos sacrificios por mí. No habría llegado a ninguna parte si no fuera por ti.

```html
<!DOCTYPE html>
<html>
<head>
    <title>Todo el mundo puede codificar
            incluyendo los niños </title>
    <meta charset="UTF-8" >
    <meta name="descripción"
content="Todo el mundo puede codificar
         por Timothy Amadi" >
    <meta name="palabras clave"
     content="Codificación" >
    <meta name="autor" content="Timothy Amadi" >
    <meta name="viewport"
    content="width=device-width,
             initial-scale=1.0" >
</head>
<body>
    <h1>Sobre BUGZERO.CODES</h1>
    <p> Hola, somos Timothy, Eugene y Daniel.
        No importa a lo que te dedicas
        o la edad que tienes,
        todo el mundo puede codificar.
        Siguenos en nuestra aventura de
        codificación en: www.bugzero.codes
    </p>
</body>
</html>
```